AF224251

NOTICE

SUR

ÉDOUARD DE LA BARRE DUPARCQ

PAR

M. B.-E. MAINERI

Traducteur de l'*Histoire militaire de la Prusse avant 1756*

TRADUIT DE L'ITALIEN

PARIS

CH. TANERA, ÉDITEUR

LIBRAIRIE POUR L'ART MILITAIRE, LES SCIENCES ET LES ARTS

Rue de Savoie, 6

1868

NOTICE

SUR

ÉDOUARD DE LA BARRE DUPARCQ

Comprendre et remplir nos devoirs, conformément à notre condition et aux nécessités sociales, est une vertu extrêmement méritoire. La vie humaine, soit comme fait individuel, soit comme fait collectif, doit toujours considérer pour une belle récompense l'étude et l'usage des plus nobles facultés employées tant à notre avantage qu'à celui de la patrie en particulier, et à celui de la société en général. De là vient que l'homme, fort de sa conscience, reconnaît sa mission et l'accomplit avec ce calme inaltérable qui, pour les esprits élevés, constitue le premier, le plus cher et le plus précieux laurier de leurs travaux.

Parmi ces derniers, on peut ranger sans conteste M. Édouard de La Barre Duparcq, l'écrivain militaire aimé qui honore tant aujourd'hui la France. — Ayant pris à tâche de traduire son *Histoire militaire de la Prusse avant 1756*, nous croyons devoir parler de sa vie et de ses écrits, soit pour offrir l'exemple d'un mérite fécond, soit pour compléter ce que d'autres ont esquissé sur la carrière de l'illustre auteur des *Portraits militaires* et des *Études historiques et militaires sur la Prusse.*

Au fait, si depuis un temps peu éloigné l'écrivain français a déjà retiré une belle renommée pour ses ouvrages, à mesure que ceux-ci se sont répandus et, dirons-nous, multipliés, la raison veut que nous préparions, dans cette occasion propice, des renseignements qui le feront mieux connaître.

Nicolas-*Édouard* de La Barre Duparcq naquit à Saint-Cloud, le 1ᵉʳ avril 1819, de *Jacques*-Charles-François de La Barre Duparcq, conseiller à la Cour des comptes, et de Colombe-*Constance* Moreau de Champlieux.

La sagacité précoce de son esprit, et son goût particulier pour l'étude et le travail, engagèrent ses parents à tirer parti des heureux dons de leur fils. Avant qu'il eût atteint sa dixième année, ils le placèrent au collége renommé de Saint-Louis, où il parcourut ses classes élémentaires et secondaires, se rendant habile aux méthodes historiques et surtout aux mathématiques. On entrevit en ces jours sa supériorité sur ses condisciples, puisqu'en 1835 il remporta tous les prix de sa classe, justifiant ainsi, à leur satisfaction, les espérances de ses parents.

Admis l'année suivante à l'École polytechnique, il donna ainsi la preuve de son intelligence, de son bon vouloir et de son activité déjà constatés à Saint-Louis, y resta deux ans, sans se départir un instant de son but; puis, son stage scolaire accompli, passa à l'École d'application de l'artillerie et du génie à Metz, où il continua le cheminement entrepris. — La persévérance à cet âge, dans un labeur aussi promettant, devient une caution pour ainsi dire anticipée de réussite, quand on a continuellement pour but les règles cimentées au cœur et à l'intelligence par une savante éducation.

En 1841, il quitta l'École de Metz, et fut incorporé en qualité de lieutenant dans une compagnie de mineurs, où il acquit l'estime générale, en s'occupant de certaines expériences

ayant pour but l'amélioration de cette arme spéciale. C'est
pourquoi on lui confia bientôt la direction d'une partie des
travaux de contre-mines exécutés sous le front Saint-Victor,
à Verdun.

Élevé trois ans plus tard au grade de capitaine et chargé des
constructions hydrauliques de l'enceinte de Dunkerque, il ré-
pondit avec son zèle habituel à la faveur de l'attente publique,
et cela jusqu'en l'année 1845, où nous le rencontrons à Fon-
tainebleau avec la mission de surveiller les travaux neufs des
quartiers qui s'y élevaient par ordre du gouvernement.

Dans le cours de sa trentième année, l'âge le plus riche de
la vie, il fût nommé chef du génie à Joigny. Les conditions
politiques étaient alors fort graves pour la France, devenue
République, qui devait veiller et au dehors et à maintenir
bridées à l'intérieur ses factions intestines, et aussi pour l'Europe, entièrement bouleversée par les mouvements nationaux
de l'Italie et de l'Allemagne. C'est pourquoi on lui confia
l'achèvement des travaux entrepris dans les départements de
l'Yonne et de l'Aube. Unissant la modération à l'énergie, il
accomplit sa tâche à la satisfaction générale.

Aux hommes portés à l'étude et préférant les élucubrations
de l'esprit, les faits de la vie extérieure demeurent importuns
et indifférents. C'est peut-être par ce motif que le capitaine
Duparcq, apprenant en 1849 la vacance de la chaire de professeur d'art militaire à la célèbre École de Saint-Cyr, se pré-
senta résolûment au concours; il obtint une victoire que les
esprits les plus connus et les plus solides avaient eu dessein
de lui disputer. Dès lors il se sentit joyeux de pouvoir consacrer ses forces à l'éducation de la jeunesse en vue du noble
métier des armes, et de se trouver autorisé à développer par la
plume ces règles qui fondent la grandeur et la puissance de
l'art de la guerre.

Afin d'embellir la vie, qui est trop froide et trop pesante
quand elle reste dépourvue du chaste sourire de l'affection,
Duparcq jeta les yeux sur Mlle Léonie Lefebvre, jeune per-

sonne que rendaient aimable les dons les plus rares de l'esprit et le plus gracieux extérieur. Il ne tarda pas à unir sa destinée à celle de sa fiancée, et bientôt cette union eut pour gage un gentil garçon nommé Léon, qui forme aujourd'hui la plus belle joie de son cœur et le meilleur fleuron de ses espérances. — Mais comme cette vie terrestre s'écoule au milieu des plaisirs et des chagrins, et comme ces derniers l'emportent, sans doute pour nous perfectionner dans le culte de la vertu, quatre années et demie à peine s'étaient écoulées depuis ce mariage, lorsqu'il perdit son épouse chérie à la fleur de l'âge; coup d'autant plus rude pour son cœur de mari et de père, que le choix de la compagne de sa vie avait été plus heureux[1].

Alors, plus concentré dans son être, sollicité par le désir d'utiliser le champ de son action, en réalité trop étouffé à l'École de Saint-Cyr, il se mit à publier des travaux qui ne tardèrent pas à lui attirer une belle réputation et à le placer au rang des écrivains militaires de notre temps les plus dignes d'attention.

Il faut considérer les écrits et les ouvrages de M. Duparcq sous un double aspect, et les classer en ouvrages originaux et en traductions, soit de l'allemand, soit de l'espagnol; ce partage nous aidera à mieux fixer nos idées.

Et premièrement, notons que le nom de Duparcq était déjà connu. Dès 1844, son mémoire *de la Fortification à l'usage des gens du monde*, rédigé dans l'intention de populariser les méthodes de fortification, était envisagé comme un travail sérieux par le *Moniteur universel;* et quand, en 1848, il mit au jour *Biographie et maximes de Blaise de Montluc*, le même journal recommanda, pour sa méthode et sa finesse, cet écrit,

<hr>

[1] Un de nos honorables amis, M. Crollalanza, auteur estimé de la *Storia militare di Francia*, à l'occasion de cette perte douloureuse, composa et dédia à M. Duparcq un sonnet qui se trouve dans la traduction française de l'*Aperçu biographique sur Édouard de La Barre Duparcq*, dû au comte Ortensio Catucci (1860).

que la *Gazette militaire*, de Damstadt, déclarait un excellent modèle de semblables esquisses biographiques.

La même année, ayant rendu publique la dissertation historique *le Plus grand homme de guerre*, la susdite *Gazette* de Darsmtadt et le *Journal des armes spéciales* lui accordèrent de justes éloges. En 1849, le *Journal des sciences militaires*, rendant compte des *Considérations sur l'art militaire antique*, signalait la solide et digne érudition, le jugement élevé, la rapidité de style avec lesquels Duparcq démontrait l'utilité de l'étude de l'art militaire des anciens par comparaison avec les améliorations modernes.

Attendu l'insuffisance des bibliothèques militaires, sous le double aspect de l'art et de l'histoire militaires, il exposa, dans son opuscule *De la création d'une bibliothèque militaire publique*, un projet étudié traitant du matériel et du personnel nécessaires, de l'achat des livres, et subdivisant, avec une sérieuse et remarquable critique, la science militaire en quatorze classes.

Son *Histoire sommaire de l'infanterie* date de 1853; la *Gazette de littérature militaire*, de Berlin, l'*Ami du soldat autrichien*, de Vienne, la *Gazette militaire universelle*, de Darsmtadt, reconnurent unanimement que le capitaine de La Barre Duparq avait résolu dans cet écrit le problème difficile de réunir dans un nombre restreint de pages l'histoire de l'infanterie, grâce à une manière nouvelle et méthodique.

Les Académies et les Instituts, dans l'intérêt des sciences, des lettres et des arts, selon la raison des temps, les besoins des localités et des circonstances spéciales, demandent au dehors des travaux sur de graves et intéressants problèmes, attachant à la plus heureuse solution fournie par les concurrents des honneurs et des prix. L'émulation, cimentée de la sorte, tourne au lustre de l'individu, comme au mieux pour la société et la science.

Sans nous perdre dans de vaines divagations, il nous sera permis de citer les mémoires écrits présentés par Duparcq à l'Académie des sciences morales et politiques de France, savoir : *Mémoire sur la formation de l'armée française, depuis son origine jusqu'à nos temps* (non imprimé); — Parallélisme des progrès de la civilisation et de l'art militaire; — *l'Art des indices, particulièrement à la guerre;* — Hannibal en Italie; — *L'art militaire pendant les guerres de religion;* — Le bonheur à la guerre; — *Des imitations militaires;* — Réflexions sur les talents militaires de Louis XIV; — *Des rapports entre la richesse et la puissance militaire des États;* — et tout récemment *Richelieu, ingénieur.* L'examen de ces divers mémoires a été fait en partie dans les journaux européens précités. Nous ajouterons que le premier a été, sur le rapport de M. Guizot, déclaré le meilleur, par ordre de mérite, dans le concours ouvert sur ce sujet en 1859 (séance du 11 février 1860); et quant au troisième, l'*Art des indices*, nous dirons qu'il a été loué en ces termes par un officier général de l'armée française : « Tous les grands hommes de guerre ont su apprécier les *Indices;* mais vous êtes, je crois, le premier des savants écrivains militaires qui ait pensé à les réduire en art, à en faire un traité qui non-seulement en démontre l'importance, mais qui aide à l'acquérir. »

Un personnage compétent atteste le mérite du *Bonheur à la guerre* : « Les exemples que vous donnez sont choisis avec ce tact militaire qui distingue si remarquablement tous vos écrits, et c'est pourquoi je ne doute pas que votre charmant mémoire ne devienne une source d'instruction pour les généraux et leurs lieutenants. » Un écrivain éminent écrit de son côté à l'auteur : « Vous possédez une grande rectitude dans le jugement; votre manière est en outre plus sobre que celle de M. Thiers. En continuant, vous conquerrez ce que nous ambitionnons tous, la renommée. »

Toutefois, ces travaux, malgré leur netteté et leur éclat, ne forment pas la meilleure part de la notoriété acquise par Duparcq auprès des doctes écrivains et de ceux qui cultivent l'art et la science militaires de notre temps.

Assurément, dans l'énumération des ouvrages qui le constituent véritablement le plus vaillant auteur dans cette branche de savoir, figurent en première ligne ses *Portraits militaires* et ses *Études historiques et militaires sur la Prusse ;* le premier de ces ouvrages a paru en 3 volumes in-8°, datés de 1853, 1855 et 1861 ; le second en 2 volumes qui portent les millésimes de 1854 et 1856. Dans les *Portraits militaires* se trouvent compris et dépeints de main de maître, sous des esquisses historiques et stratégiques, les chefs de guerre qui suivent : — Gustave-Adolphe, La Tour d'Auvergne, du Guesclin, Frédéric, Vauban, Moncey, le duc d'Albe, Turenne, La Noue, Souvarof, Dumouriez, Catinat, Wellington, Masséna (tome 1er) ; — Jules César, Bayard, Condé, Seydlitz, Guibert, Ney, Washington, Jeanne d'Arc, Vendôme, Ibrahim-Pacha, Villars, Desaix, Charles XII, Lannes (tome IIe) ; — Eugène de Savoie, Montluc, l'archiduc Charles, saint Louis, Montecuccoli, Crillon, Maurice de Nassau, Hoche, Sobieski, Luxembourg, Marlborough, Suchet (tome IIIe).

Cet ouvrage est très-connu ; le lecteur y cherchera en vain le lien harmonique qui résulte de l'ordre chronologique et des évolutions historiques de l'art militaire ; le motif d'un tel anachronisme apparent résulte de l'intention de l'auteur. Son dessein ne fut pas de consacrer uniquement cet ouvrage aux officiers et aux amateurs des faits et de la gloire des camps, mais, dans son idée primitive, il pouvait convenir à toutes les catégories de personnes, et particulièrement aux élèves des classes supérieures des lycées de France; exciter, rappeler l'homme du monde et l'homme de guerre au culte du courage, par le noble attrait de la gloire militaire, tel est son but; en offrant tout ce qu'il est utile de connaître sur la vie des grands généraux, il trace ses portraits et les achève très-habilement d'après les nombreuses publications faites antérieurement, et dans des idiomes différents, sur ces illustres chefs.

M. *Cuvillier-Fleury*, dans le *Journal des Débats ;* le général comte *de La Tour du Pin*, dans le *Messager de la Manche ;* le colonel *A. Charlier*, glorieusement tombé dans la journée de Magenta, en 1859, pour l'indépendance italienne, dans le *Spectateur militaire;* et en général, tous les journaux de l'étranger ont mis en relief le mérite dudit ouvrage, et s'accordent à reconnaître la justesse et l'impartialité des jugements de l'écrivain. Notons aussi que M. *Sainte-Beuve,* quand il s'occupe, dans ses intéressants articles, des hommes qui ont tenu l'épée, s'appuie volontiers sur l'autorité de l'auteur des *Portraits militaires;* puis rappelons l'opinion émise sur le premier volume dans l'*Assemblée nationale* du 24 mai 1854, par l'honorable *Paul Féval :* « Impossible de trouver des études plus complètes, non-seulement sous le rapport stratégique, mais encore au point de vue de l'histoire et même de la couleur privée. M. de La Barre Duparcq est un véritable érudit qui sait mettre en œuvre avec art les matériaux qu'il a péniblement rassemblés. Son livre lui assure un rang distingué parmi nos historiens, et une des premières places auprès du général Jomini parmi nos écrivains militaires. »

Les portraits d'Eugène de Savoie et de Montecuccoli, à peine publiés dans le troisième volume, furent fidèlement traduits en italien par le comte Ortensio Catucci (Narni, 1860), avec le portrait et un aperçu biographique sur l'auteur.

Néanmoins, nous le dirons respectueusement, mais librement, nous n'hésitons pas à confesser notre surprise de ne pas avoir rencontré dans les *Portraits militaires* la grande et sympathique figure du général Carnot, le créateur infatigable des quatorze armées de la République, l'*organisateur* illustre des *victoires françaises*, le citoyen intègre, le chef très-instruit et très-expérimenté, le véritable type de la grandeur moderne, tel qu'une nation peut s'en honorer et s'en glorifier, quelque puissante et fière qu'elle soit.

Italien, nous y aurions lu avec reconnaissance les portraits de François Sforza et d'Octave Piccolomini; mais, par-dessus tout, l'image sévère du général Paoli, homme sur lequel il sera toujours honorable d'écrire, au moins tant que le culte

de la vertu et l'amour de la justice et de la liberté régneront
sur la terre.

Dans une autre sphère, les *Études historiques et militaires
sur la Prusse* n'ont pas moins d'importance ; nous espérons
qu'on aura pour agréables des observations fort courtes.

Ici, au moyen de cadres isolés et bien colorés, mais se rattachant par une idée commune, cadres relatifs à l'origine, à
la constitution, au développement et au caractère des ten-
dances de la Prusse, l'auteur peint, pour ainsi dire, comment
a surgi dans les temps modernes, la *mission historique de la
Prusse en Allemagne*. Il suffit, à ce point de vue, d'énumérer
les sujets traités dans ce travail : Observations sur le caractère du prince Henri de Prusse, frère de Frédéric le Grand ;
le Grand Électeur ; Frédéric le Grand ; l'Infanterie prussienne
sous Frédéric le Grand ; Seydlitz et la cavalerie prussienne ;
Organisations successives de l'armée prussienne, depuis son
origine jusqu'à nos jours ; Réflexions sur l'armée prussienne ;
Notice sur les ordres militaires ; les Tribunaux d'honneur ; la
Fortification prussienne au XIX⁰ siècle ; Note sur les journaux
militaires ; De plusieurs pamphlets relatifs à la conquête de
la Silésie ; l'Administration militaire ; l'Oder ; le roi Frédéric-
Guillaume II ; les Articles de guerre ; Particularités relatives à
la justice militaire ; Détails historiques sur l'artillerie prussienne ; Officiers français au service de Prusse ; la Guerre d'un
an (1778-1779) ; Éclaircissements sur l'Académie des nobles ;
Médailles de 1701 ; Opinions de Warnery ; les Frontières ; Note
sur la campagne de 1787 en Hollande ; Maupertuisiana.

Ce ne sera pas inutilement que nous nous serons astreint à
présenter ces désignations minutieuses, et, eu égard au temps
où nous écrivons, nous n'avons pas craint de déplaire au lecteur sagace.

L'importance de cet ouvrage fut telle que le baron de
Reinhard, déjà capitaine dans l'armée prussienne, ne tarda
pas à le traduire en allemand, le déclarant « écrit avec une
parfaite connaissance du sujet » et lui trouvant « le cachet

particulier de présenter toujours pour la Prusse un point de vue comparatif avec les institutions françaises. »

Parmi les nombreux recueils périodiques de France et de l'étranger, qui parlèrent de ce travail, il nous a paru que le correspondant de Hambourg (17 mai 1854) avait émis un jugement digne d'être conservé : « L'auteur se représente une guerre entre la France et la Prusse, et il cherche à préparer la victoire à l'armée de son pays. C'est dans ce but unique qu'il écrit son livre brièvement, raisonnablement, d'une manière entièrement militaire, sans arrière-pensée et avec une critique virile. »

Mais la meilleure louange qui pût être faite à Duparcq, pour ces *Études*, fut celle du *Moniteur de l'Armée* (25 juillet 1866), qui déclare l'auteur *bon prophète* pour avoir prédit, dès 1854, (t. Ier, p. 213) les effets du fusil à aiguille prussien qui se vérifièrent dans la lutte grandiose de l'année passée entre l'Autriche et la Prusse [1].

L'*Histoire militaire de la Prusse avant 1756*, que nous prenons à tâche de traduire en italien, tient évidemment par un lien intime avec les *Études historiques* susmentionnées; elle apparaît comme le livre de gloire de cette dynastie et de ce peuple, qui, partis de la première parcelle du Brandebourg, ont affirmé par une union solide et virile, une vie puissante et expansive, ont entrevu une tâche assimilative efficace, soutenant et développant cette tâche avec un louable mérite par les institutions militaires et par la vertu positive d'une sage conduite de la chose publique. Du reste, rempli de déférence pour l'indépendance des critiques et des opinions d'autrui, et désireux de laisser aux faits, dans leur plus grande intégrité, leur propre démonstration, nous prenons l'obligation stricte d'enchaîner en quelque sorte notre jugement ultérieur.

---

[1] L'agrandissement futur de la Prusse se trouvait aussi nettement indiqué : « N'oublions pas, disait l'auteur (t. II, p. 377), combien, dans l'ordre de la marche actuelle des choses, l'histoire du passé fait pressentir que la Prusse *s'annexera* un jour quelques-unes des principautés intermédiaires. »

En feuilletant les doctes pages des ouvrages multipliés d'un si fécond écrivain, on voit ressortir merveilleusement le soin avec lequel il a constamment exposé dans ses *Études* les institutions militaires de cette puissance, qui, de Frédéric II à nos jours, s'est toujours montrée en Allemagne poursuivante avide de cette hégémonie qui fut pour elle un legs et la source historique de sa présente grandeur.

Rien de plus naturel en effet pour un écrivain militaire, et particulièrement pour un Français. Et remarquez que l'école militaire moderne est fille du xviie siècle ; car — née dans les luttes homicides dont fut affligée l'Allemagne pendant la réforme religieuse — elle est venue par héritage, fut étudiée, mise en lumière, admirablement développée sur les champs de bataille par le génie de Frédéric le Grand ; et celui-ci, qui peut se dire véritablement le fondateur heureux de la Prusse moderne, doit être considéré comme le créateur incontestable des ordres militaires actuels, mis en harmonie avec les besoins progressifs de la science et des temps, et, en sa qualité de premier organisateur de ces armées permanentes, peut entrer en comparaison avec Napoléon Ier. Ces principes de l'art nouveau et des théories modernes, sont familiers à tout écrivain de cette partie.

Citons, comme se rattachant à ce but, les *Opinions et maximes de Frédéric le Grand*, recueillies et annotées par M. de La Barre Duparcq, travail très-exact et complet, défini par le compilateur dans l'introduction qui le précède, « une espèce de statue intellectuelle. »

Une pareille activité paraît vraiment merveilleuse, et pourtant là ne s'arrête pas le nombre des travaux et des ouvrages de l'éminent écrivain. — Désireux de fournir un guide sûr à ses élèves de l'École de Saint-Cyr, il a publié, en un beau volume d'environ 500 pages, ses *Éléments d'art et d'histoire militaires*, qui comprennent le sommaire des institutions militaires de la France, l'histoire et la tactique des armées isolées, leurs exercices en commun, les petites opérations de la guerre, etc. Ce livre se recommande spécialement par la clarté si nécessaire aux jeunes intelligences, et aussi par un heureux talent d'exposition qui tient en éveil l'attention de l'élève et fixe les impressions de l'esprit. Mais le meilleur hommage rendu à cet ouvrage fut la traduction américaine de M. Cullum, laquelle se trouve précédée d'une feuille d'extraits glanés dans les divers journaux, et qui sont des plus flatteurs pour l'écrivain.

Une vive érudition et une exactitude d'opinions révélatrices signalent l'*Histoire de l'art de la guerre*, parue en 1860 et 1864. On rencontre une connaissance profonde de la composition historique, un jugement d'élite tout particulier, une habileté peu commune à traiter des sujets spéciaux dans l'écrit *Biographie et maximes de Maurice de Saxe ;* le recueil des maximes annexé à la biographie du maréchal de Saxe fait apprécier le sens pratique de cet illustre guerrier. M. de Weber, dans son ouvrage *Moritz Graf von Sachsen*, édité par Tauchnitz, à Leipzig, en 1863, cite presque à chaque page cet opuscule de l'auteur relatif à Maurice.

Afin de faire connaître en France le grand ouvrage de *Clausewitz*, ce célèbre directeur de l'*École générale de la guerre*, instituée à Berlin, M. Duparcq livra à l'impression, en 1853, son volume des *Commentaires sur le traité de la guerre de Clausewitz*, dans lequel il suit pas à pas l'auteur allemand, et donne pour chacun des huit livres de ce traité, une *analyse* et un *commentaire*. Dans ce commentaire qui embrasse, pour l'ouvrage entier, plus de cent cinquante observations, il suit certaines parties du texte, en critique d'autres, ou rectifie des jugements parfois inexacts, principalement en ce qui concerne la France. Aussi son travail aplanit les difficultés de l'étude de l'ouvrage de Clausewitz, et en forme pour ainsi dire le corollaire indispensable.

Que tant de travaux originaux, dont les sujets offrent utilité et importance, ne nous fassent pas oublier ses autres études, par exemple celle intitulée : *Des sources bibliographiques mili-*

taires, dans laquelle se trouvent indiqués les journaux, les recueils, les ouvrages, qui peuvent servir de base à la composition d'une bibliographie pour l'art militaire. Là, parmi les Italiens, nous avons eu la satisfaction de voir cité M. Mariano d'Ayala, écrivain militaire renommé, le premier parmi nous qui ait eu le courage et la patience de composer un volume d'articles bibliographiques militaires italiens. L'écrit *des Études sur le passé et l'avenir de l'artillerie de Louis-Napoléon Bonaparte* est un mémoire qui donne, avec une sage critique et de consciencieux développements, une appréciation de l'ouvrage classique de l'Empereur des Français ; et là encore nous rencontrons recommandé spécialement un grand Italien, Carlo Promis, qui est cité avec éloge par Louis-Napoléon dans l'ouvrage dont parle Duparcq. Les *Remarques sur les relations des langues militaires française, allemande, espagnole*, ont pour but de montrer que les langues militaires de l'Espagne et de l'Allemagne conservent de nombreuses traces de l'influence française, et que l'étude de ces langues étrangères offre par conséquent aux officiers français moins d'obstacles qu'on le croit communément. En arrêtant nos citations et énumérations avant de les avoir complétées, nous annoncerons les derniers ouvrages de l'auteur : *Histoire de François II* (1559-1560), un volume in-8°, avec portrait [1] ; et *Chiens de guerre*, recherches historiques, un joli volume in-32, publiés tous deux par Charles Tanera, libraire militaire, qui édite avec habileté tous les ouvrages de M. de La Barre Duparcq.

Nous avons indiqué en son lieu comment l'exposition et la critique des ouvrages de notre auteur rendaient absolument nécessaire, pour fixer les idées, d'adopter une séparation entre les ouvrages originaux et les traductions. Maintenant que nous avons passé en revue la plus grande partie des premiers, il nous paraît opportun d'achever cette esquisse bibliogra-

---

[1] Reportez-vous, relativement à cette histoire, aux journaux parisiens l'*Union* du 21 septembre 1867, et la *Patrie* du 4 juin 1868.

phique en donnant finalement la manifestation sommaire de notre jugement, sur l'école que le commandant Édouard de La Barre Duparcq, comme écrivain militaire, représente en France.

Non-seulement ses ouvrages originaux, mais ses nombreuses traductions de l'allemand et de l'espagnol, prouvent évidemment son désir de rendre service à son pays, dans cette branche si importante de la science militaire.

Un article, inséré par l'auteur dans le numéro de février 1851 du *Journal des armes spéciales*, met au jour sa pénétration tenace relativement au système militaire prussien; voici le passage : « La possibilité d'un insuccès pour le corps dont j'ai l'honneur de faire partie, cette infériorité probable pour les officiers du génie français, si haut placés dans l'estime de l'Europe, m'a toujours, je l'avoue, douloureusement impressionné : je dis *infériorité*, parce que le talent de l'ingénieur militaire ne consiste pas seulement à bien construire, il consiste, surtout en temps de guerre, à prendre promptement et sûrement les places ennemies; et je crois que nous ne connaissons pas convenablement les places étrangères... Cette connaissance serait du reste facile à acquérir; mais auparavant il faudrait s'initier aux théories, aux tracés types des fortificateurs modernes de l'Allemagne. Tout écrit, tout ouvrage ayant pour but de populariser en France ces théories et ces tracés, peut contribuer à faire atteindre ce but, et comme tel me semble utile. Voilà pourquoi depuis plusieurs années, je prête ma faible voix aux publications de M. Maurice de Sellon, qui a pris à tâche d'initier le lecteur français à la fortification allemande... Voilà aussi pourquoi j'ai moi-même suivi la même voie, traduit l'*Histoire de la fortification permanente*, de **M. A.** de Zastrow; l'*Esquisse historique de l'art de la fortification permanente*, de M. Louis Blesson; pourquoi j'ai fait connaître les systèmes de fortification des colonels C.-A. Wittich et Herrera Garcia, et du major Engelberts. »

A la lecture de cet extrait, le lecteur intelligent se dira que

Duparcq avait prévu l'importance prise par l'art de fortifier en Prusse, comme l'avenir du fusil à aiguille.

Les traductions allemandes susmentionnées (à l'exception de la *Théorie analytique de la fortification permanente*, de l'Espagnol Herrera Garcia) nous dispensent d'autres explications sur les intentions du traducteur, et prouvent — même au dire des officiers prussiens — sa parfaite connaissance de la langue allemande.

En mettant le premier en français le curieux ouvrage de l'archiduc Charles d'Autriche, *Principes de la grande guerre*, il eut l'intention de combler une lacune, et il le fit d'une plume fidèle et élégante; l'estime avec laquelle ce travail fut accueilli en France, à Vienne et en Italie, justifie la pensée qui le lui avait fait entreprendre.

Ajoutons encore l'*Histoire de l'art militaire chez les anciens*, du major prussien F. de Ciriacy, que Duparcq compléta avec un grand nombre de notes, et *les Armées des puissances directement ou indirectement engagées dans la question d'Orient*, par un officier allemand, que le traducteur rectifia en plusieurs passages, notamment pour la France. Cette dernière traduction, à peine parue, fut traduite elle-même en italien par le capitaine Antonio Fabri, et presque entièrement insérée au tome Ier de son *Abrégé de statistique militaire*, publié à Naples en 1858. La *Description d'une éprouvette portative*, par le baron de Zoller, commandant supérieur de l'artillerie bavaroise, complète les traductions de l'allemand; et quant aux traductions de l'espagnol, outre celle déjà citée de Herrera Garcia, nous aurons terminé en nommant *Capitaines anciens et modernes*, du maréchal don Evaristo San Miguel, et l'*Utilité d'écrire l'histoire des régiments de l'armée*, par le lieutenant général de Clonard.

Ce qui précède suffit à notre but, sans tenir compte des divers articles fournis par M. Duparcq aux journaux spéciaux de son pays.

La présente énumération serait frivole et oiseuse, si nous

ne la rattachions à un principe emprunté aux publications de ce laborieux écrivain ; ne tardons pas à présenter ce travail de classification.

Mettant à part ses traductions de l'allemand et de l'espagnol, dont le but est évident, nous parlerons seulement et brièvement de ses œuvres originales, et en déduirons ses principes et ses intentions.

L'écrivain qui ambitionne une renommée juste et durable doit constamment s'étudier à ce que ses ouvrages et ses écrits demeurent entre eux en harmonie, soit quant à la nature des principes, soit quant aux conditions de la forme, et cela, suivant le but qu'il poursuit. Il importe beaucoup que, à l'instar d'un point brillant qui projette ses rayons dans une direction déterminée, ses œuvres convergent vers une limite assignée où se montre évidemment leur triomphe sous le rapport de la théorie et de l'art ; la plus ou moins grande observation de ce fait décidera toujours du mérite et de la réussite de celui qui écrit.

Parmi les ouvrages de M. Duparcq, il importe d'abord de s'attacher à ceux dont le caractère représente une valeur dogmatique ou théorique, puis à ceux qui, comme auxiliaires ou justificatifs, personnifient l'art ou offrent un côté historique ; nous verrons pourtant si l'art et la théorie, marchant toujours parallèlement, se maintiennent à l'unisson et fournissent ici un ensemble de doctrine exemplaire, une école spéciale.

L'illustre écrivain militaire Luigi Blanch, écrivant sur les travaux du capitaine de La Barre Duparcq [1], fait sagement observer à cet égard que l'on peut considérer sous un double aspect tout ce qui regarde la science et l'art de la guerre :

---

[1] Voyez le *Diorama*, journal de Naples, des 17 mars et 18 avril 1860. Ces deux articles ont été traduits en français par le capitaine Richard, répétiteur du cours d'art militaire à l'École de Saint-Cyr ; nous avons été heureux de trouver conformes à notre point de vue les idées de l'intelligent italien, et d'avoir rencontré sur notre route un pareil trésor.

1° Ce qui est relatif à la composition de la machine et aux moyens matériels qui lui sont nécessaires pour produire les divers effets en vue desquels elle a été constituée;

2° Ce qui concerne l'arrangement ou la combinaison des divers éléments, la manière de les employer, et surtout le rôle du général en chef qui en est le moteur principal.

Comme on le voit, la première partie comprend le choix des hommes, leur division en fractions constitutives, le mode d'administration destiné à pourvoir à leur entretien, les dispositions pénales ou rémunératrices et la hiérarchie; la seconde embrasse le rôle des diverses armes, leur organisation particulière, la tactique élémentaire, la tactique générale, la fortification et la stratégie.

L'organisation des armées et leur division en fractions constitutives ont pour base la méthode française du xviie siècle, sauf les variations et les perfectionnements introduits dans la science par les modernes; méthode adoptée par les divers États européens, et aussi par les Orientaux qui ont accepté ses avantages progressifs en y introduisant de légères modifications conformes à l'indolence de leur nature, à leurs costumes et à leur pays.

Une différence caractéristique, une innovation radicale, signalent les opérations militaires dans la seconde moitié du xviie siècle et le commencement du xviiie; les armées permanentes vont s'augmentant et agissent par grandes masses, apprécient mieux, et par nécessité, les avantages de la mobilité; les vastes mouvements s'exécutent avec prestesse et précision: la guerre doit se montrer d'autant plus limitée et efficace, que les moyens dont elle dispose deviennent plus vastes et plus forts. Alors les siéges diminuent, les mouvements et les combats se multiplient, parce que le génie d'un chef suprême peut plus facilement contraindre la fortune à la concession de ses faveurs disputées.

En fait, l'art de la guerre moderne fut fondé en principes et en règles par Gustave-Adolphe, qui, dans les mémorables journées de Leipzig et de Lutzen, appliqua ses dispositions avec une supériorité véritablement digne de son génie singulier; notons également les progrès de son artillerie qui constituait une force spéciale dans ses armées, et à laquelle il avait donné assez de légèreté et de mobilité pour qu'elle suivît ses mouvements les plus prompts et les plus rapides.

De tels principes furent ensuite profondément cultivés et mis en pratique par cet autre guerrier extraordinaire et insigne, qui se nomma Frédéric II de Prusse; Napoléon Ier les développa et les appliqua dans une sphère digne de son génie élevé et de sa puissance.

Parmi les principaux ouvrages qui comprennent la partie théorique et dogmatique de la doctrine militaire de M. de La Barre Duparcq, nous citons volontiers son introduction aux *Principes de la grande guerre de l'archiduc Charles; ses Commentaires sur Clausewitz ; Le plus grand homme de guerre ; La fortification des gens du monde*, et les *Éléments d'art militaire*. L'auteur y indique comment la guerre doit être conduite dans les plus petites opérations jusqu'aux combinaisons les plus savantes; il explique le rôle de chaque élément et de quelle manière on doit employer la machine dans les divers cas qui peuvent se présenter, passant tout en revue avec une exacte critique et un jugement fort droit. Dans la traduction de Zastrow, il n'accepte pas les doctrines de l'école allemande, mais se rattache, pour l'attaque et la défense des places, à l'école dont Vauban est le chef.

Dans les *Portraits militaires*, dans les Biographies de *Montluc* et de *Maurice de Saxe*, dans les *Maximes de Frédéric le Grand*, en développant les faits, en notant les témoignages, en esquissant les maximes et les systèmes, il a tiré des actions des grands capitaines une véritable histoire de la science guerrière. Et à vrai dire, quelle méthode plus logique et plus naturelle, puisqu'une théorie ou un principe ne se peut mieux régir et encourager que par l'exposition des faits par lesquels se manifeste l'ordre de l'histoire. En un mot, c'est avec le principe de l'art que s'explique la théorie ; et avoir indiqué l'usage et la puissance de la machine, c'est avoir déterminé le rôle du moteur, c'est-à-dire du général qui doit donner le mouvement.

Il résulte de ce rapide coup d'œil que notre écrivain a groupé dans ses ouvrages l'unité d'intention que réclame tout ordre de doctrine, de manière que ses écrits soient comme les rameaux d'un même tronc ou les rayons d'une même flamme. Il a réussi à donner une idée élevée et soutenue des sciences militaires, captant le lecteur par une instruction attrayante, qui est souvent le meilleur aliment pour le raisonnement nu de l'intelligence, et qui part d'un cœur chaleureux.

En adoptant les paroles de l'auteur napolitain, nous dirons que Duparcq appartient à cette école « dont les chefs sont Jomini et l'archiduc Charles, et qui compte comme historiens Frédéric, Napoléon, Soult et Napier, c'est-à-dire l'école moderne, dont l'origine remonte au xviie siècle, avec le duc d'Albe et Alexandre Farnèse, et qui, après avoir traversé alternativement diverses phases de médiocrité et de progrès au xviie siècle, s'être subitement élevée au xviiie avec Frédéric II, est restée quelque temps stationnaire, et a reçu une nouvelle et énergique impulsion dans les guerres de la Révolution, à cette école enfin dont les principes ont reçu une magnifique application en 1814, dans la campagne de France, que l'archiduc Charles a tant admirée et à propos de laquelle il disait en 1819, à l'auteur de cet article : « Si un trône devait être « le prix d'une campagne, c'est alors que Napoléon aurait dû « y être élevé, et pourtant il le perdit. »

Un homme d'un tel mérite et d'une si juste renommée devait certainement attirer les regards et obtenir des honneurs dans sa patrie et à l'étranger. Nommé major au 2e régiment du génie à la fin de 1860, il était envoyé l'année suivante à l'École de Saint-Cyr comme directeur des études, emploi fort considéré, chacun le sait. Le gouvernement impérial le promut officier de la Légion d'honneur en 1864, et le fit officier de l'instruction publique en 1867.

Divers souverains de l'Europe se sont plu à lui témoigner leur sympathie pour ses rares talents : la Prusse, en lui conférant l'ordre de l'Aigle rouge ; la Belgique, la croix de l'ordre de Léopold ; la Hollande, l'ordre du Lion néerlandais ; la Turquie, la 4ᵉ classe de l'ordre du Medjidié ; la Perse, la 4ᵉ classe de l'ordre du Lion et du Soleil ; la Suède, l'ordre de l'Épée ; la Tunisie, la 3ᵉ classe du Nichâni-Iftikar. Parmi les Académies qui ont tenu à honneur de le compter parmi leurs membres, nous citerons l'Académie royale d'histoire de Madrid ; l'Académie des Quirites et l'Académie des Arcades à Rome ; les Académies de Cento, Montevarchi, Terni, Sezze, Narni, Monteleone, Cori, Alatri et Treja ; l'Académie des sciences de Palerme.

Indépendamment de nombreux articles critiques insérés dans les journaux français et étrangers, les écrivains suivants ont parlé spécialement de notre auteur : en Italie, Catucci et Luigi Blanch, déjà cités, et M. Crollalanza dans l'*Enciclopedia contemporanea* de Fano, et dans la *Guardia nazionale del Regno* ; à Paris, M. Regnard dans la *Nouvelle biographie générale*, éditée par Firmin Didot, et M. Vapereau dans le *Dictionnaire des contemporains*.

Concentrée dans ses études, la vie de Duparcq s'est écoulée dans le calme limpide qui convient à un homme accomplissant honorablement sa mission particulière au service d'un principe élevé. Sobre et sévère dans ses habitudes, il décèle sans cesse cette générosité d'âme et cette bonté de cœur qui constitue rigoureusement le caractère moral des penseurs et des hommes d'armes. Ses leçons à l'école ont obtenu principalement le mérite de la simplicité et de la clarté. On dirait que chez lui la fougue française existe à l'état latent, cette fougue qui n'est pas sans mélange la propriété des Italiens, et qui assurément restera toujours inconnue aux Allemands.

Grand et fort de sa personne, sa physionomie inspire une

sympathique et amicale confiance; il semble peu connaître cet air de brusque sévérité dont les hommes de l'armée croient devoir faire leur apanage naturel. Sincère et profonde est l'estime dont il jouit d'une façon spéciale dans l'armée française, et à laquelle rendent hommage les personnes les plus autorisées. Ainsi, le général Ambert s'exprime en ces termes dans le numéro du 1er novembre 1864 du *Moniteur de l'Armée :* « Un officier de l'armée, M. de La Barre Duparcq, écrivain distingué, esprit observateur, riche de science et par-dessus tout travailleur consciencieux, à la parole sérieuse, au jugement droit et ferme, eut avec M. Boutaric, et avant lui, l'honneur d'être couronné par l'Académie. »

Terminons cette notice.

M. Duparcq est vulgairement appelé en France *La Barre Duparcq*, comme on dit par exemple : La Roche Foucauld et La Fontaine; mais la table de l'*Annuaire militaire* officiel orthographiant son nom *Barre Duparcq* (de la), tous les journaux américains, au sujet de la traduction des *Éléments d'art militaire* par Cullum, l'ont simplement désigné ainsi : *Barre Duparcq*. Nous croyons avec plus de raison devoir écrire le nom en entier : *De La Barre Duparcq*.

Ces traits de biographie critique nous confirment dans le sens des réflexions que nous exposions en parlant de cet écrivain, au début de la présente notice. En réalité, nous voyons en lui un homme exclusivement pénétré d'une noble mission, qui, sans comparer un instant les motifs imposés avec le sacrifice et l'abnégation, se souciant peu de la possibilité d'un avantage, se contente de la simple spéculation idéale du bien et de la joie intime de ce sentiment.

Porter l'art militaire dans le champ de la philosophie historique et politique; apprendre à la jeunesse le sacrifice complet de ses facultés pour la sécurité et la défense de l'État, la coopération efficace pour le triomphe de la force intellectuelle sur la matière, le service pour le progrès des connaissances sur l'ignorance, pour les conquêtes de la science et de la justice. Nous ne saurions comprendre autrement la noble mission des armes : pour la seule défense de l'indépendance et le maintien de la liberté reprise, et nous augurons de la splendeur de pareils exemples pour influer en bien sur les nobles mérites de la milice de notre patrie.

N. B. — Cette notice se trouve en tête de la traduction italienne de l'*Histoire militaire de la Prusse avant 1756*, publiée à Milan, en 1868, en 2 volumes in-8°, par M. le professeur B.-E. Maineri, et suivie de l'*Histoire de la guerre de 1866 en Allemagne*, par M. le lieutenant-colonel d'artillerie Carlo Mariani.

Evreux, A. Hérissey, imp. — 1068.